GCSE
French
VOCABULARY BOOK

Terry Murray

Every effort has been made to trace copyright holders and to obtain their permission for the use of copyright material. The authors and publishers will gladly receive information enabling them to rectify any errors or omission in subsequent editions.

First published 1996
Reprinted 1997, 1998

Letts Educational
Schools and Colleges Division
9–15 Aldine Street
London W12 8AW
0181 740 2270

Text: © T.P. Murray 1996
Design and illustrations © BPP (Letts Educational) Ltd 1996

Design and page layout by Moondisks Ltd, Cambridge

All our rights reserved. No part of this publication may be reproduced, stored in a retrieval system, or transmitted, in any form or by any means, electronic, mechanical, photocopying, recording or otherwise, without prior permission of Letts Educational.

British Library Cataloguing-in-Publication Data
A CIP record for this book is available from the British Library

ISBN 1 84085 141 4

Printed and bound in Great Britain

Letts Educational is the trading name of BPP (Letts Educational) Ltd

Acknowledgement
The Useful IT Vocabulary on pages 76–78 is taken from *Modern Languages, Information File No. 1* published in 1990 by the National Council for Educational Technology (NCET) and is reproduced here with the permission of the publishers.

To Catherine Ann

Introduction

- This vocabulary book contains the words you need to know for GCSE.
- It has been prepared by a Chief Examiner with a major Exam Board.
- In their GCSE syllabuses all the Exam Boards have a list of about 1500 words: this list is called the Minimum Core Vocabulary.
- The exams are based on these lists.
- There are lots of differences between the lists of different Boards.
- This book tells you which word is listed by which Board.
- The first section of words, Days, Months, etc., is a section common to all Boards.
- Each Exam Board will use words outside its list for the more difficult questions – so you should try to learn all the words in this book.
- All the Exam Boards have the same topic areas: these areas are called the Areas of Experience.
- The words in this book have been categorised into the Areas of Experience which are the topic categories that all Boards use.
- There is also a section on IT vocabulary. These words are not on the Exam Boards' lists.

What you should do

1 Find out from your teacher which Exam Board you will be using.
2 Highlight and learn the words specified by your Board.
3 Concentrate on the Area of Experience that you are working on at school.
4 Remember that you will need to know more words than your Board's Minimum Core Vocabulary.
   Learn the words set down by the other Boards.
5 The more dots beside a word, the more that word is important.
   Learn the important words first.

T.P.M.

Contents

Important words

Words common to all boards — 1
Days — 1
Months — 1
Numbers — 1
Time — 3
Seasons — 3
Question words — 4

Useful words
Quantities — 5
Negatives — 5
Prepositions — 6
'Avoir' expressions — 6
Other words and expressions — 7

Area of Experience A

Everyday activities

Home life — 8
chez moi	at home	8
les pièces	rooms	9
les matériaux	materials	9
les adjectifs	adjectives	10
les verbes	verbs	10
la salle de séjour	the living room	11
la chambre	the bedroom	11
la salle de bains	the bathroom	11
la cuisine	the kitchen	12
le jardin	the garden	12
les animaux domestiques	pets	13
le ménage	housework	10

School — 13
en classe	in class	13
les matières	subjects	14
au collège	in school	15

Contents

adjectifs	adjectives	16
les lieux	places	16
le matériel	equipment	16
les gens	people	17
les verbes	verbs	17

Food and drink		**19**
les repas	meals	19
les légumes	vegetables	19
les fruits	fruit	19
les viandes	meat	20
sur la table	on the table	21
les snacks	snacks	21
les entrées	starters	22
de la mer/rivière	from the sea/river	22
les desserts	desserts	22
le petit déjeuner	breakfast	22
les boissons	drinks	23
au restaurant	in the restaurant	23
au café	in the café	24
deux expressions	two useful expressions	24
adjectifs	adjectives	24
les verbes	restaurant verbs	25

Health and fitness		**26**
les sports	sports	26
des mots sportifs	sport words	27
les verbes	verbs	27
le corps	the body	28
les maladies	illness	29
les verbes	verbs	30

Area of Experience B

Personal and social life

Self, family and personal relationships		**31**
la famille	family	31
les amis	friends	32
les verbes	verbs	33
les vêtements	clothes	34

Contents

Free time and social activities — 36
les loisirs	free time	36
la lecture	reading	38
au cinéma	at the cinema	38
la musique	music	39
les instruments	musical instruments	39
la télé	TV	40
les verbes	verbs	40

Holidays — 41
en vacances	on holidays	41
le camping	camping	42
à l'hôtel	at the hotel	43
les verbes	verbs	44
les abstractions	abstractions	45
les expressions	expressions	46

Special occasions — 47
les occasions	occasions	47
les incidents	incidents	48
les verbes	verbs	49
les sentiments	feelings	50

Area of Experience C

The world around us

Home town and local area — 51
dans la rue	in the street	51
en ville	in town	52
les bâtiments	buildings	52
les magasins	shops	53
les courses	shopping	53
les verbes	shopping verbs	55
à la poste	at the Post Office	56
à la banque	at the bank	56
les verbes	bank verbs	57

The natural and made environment — 57
le milieu naturel	the environment	57
les animaux	animals	58
au bord de la mer	at the seaside	58

Contents

les couleurs	colours		59
les adjectifs	adjectives		59
les points cardinaux	points of the compass		61
directions	directions		61
les lieux	places		62
combien?	how much?		62
où?	where?		62
comment?	how?		62
quand?	when?		63
le temps	the weather		65
le temps – adjectifs	weather adjectives		66
les verbes	weather verbs		66
les formes	shapes and sizes		66
les adverbes	general adverbs		67

People — **68**

les adjectifs positifs	positive adjectives	68
les adjectifs négatifs	negative adjectives	69
les adjectifs physiques	physical adjectives	70

Area of Experience D

The world of work

Job applications — **71**

le travail	work	71
les verbes	verbs relating to work	72
les métiers	jobs	73

Communication — **75**

au téléphone	on the telephone	75
les verbes	telephone verbs	75
les expressions	telephone expressions	75
l'informatique	IT (information technology)	76

Useful IT vocabulary — **76**

Contents

Area of Experience E

The international world

Tourism at home and abroad		**79**
le transport	transport	79
en voiture	by car	80
en train	by train	81
les pays	countries	82
les nationalités	nationalities	83
Life in other countries and communities		**83**
les villes	cities	83
les fleuves	rivers	84
les régions	regions	84
les montagnes	mountains	84
les mers	seas	84
World events and issues		**84**
les problèmes	problems	84
les gens	people	85
les verbes	verbs	86

Important words

Words common to all Boards

Days
les jours de la semaine — the days of the week
- lundi — Monday
- mardi — Tuesday
- mercredi — Wednesday
- jeudi — Thursday
- vendredi — Friday
- samedi — Saturday
- dimanche — Sunday

Months
les mois de l'année — the months of the year
- janvier — January
- février — February
- mars — March
- avril — April
- mai — May
- juin — June
- juillet — July
- août — August
- septembre — September
- octobre — October
- novembre — November
- décembre — December

Numbers
les nombres cardinaux — cardinal numbers
- zéro — 0
- un/une — 1
- deux — 2
- trois — 3
- quatre — 4
- cinq — 5
- six — 6

GCSE French Vocabulary Book

sept	7
huit	8
neuf	9
dix	10
onze	11
douze	12
treize	13
quatorze	14
quinze	15
seize	16
dix-sept	17
dix-huit	18
dix-neuf	19
vingt	20
vingt et un	21
vingt-deux etc	22
trente	30
quarante	40
cinquante	50
soixante	60
soixante-dix	70
soixante et onze	71
quatre-vingts	80
quatre-vingt-dix	90
cent	100
cent un	101
cent quatre-vingt-dix	190
deux cents	200
deux cent onze	211
mille	1000
deux mille	2000
un million	1 000 000
la dizaine	about ten
la douzaine	dozen
les nombres ordinaux	ordinal numbers
premier/première	first
deuxième	second
troisième	third
quatrième	fourth
cinquième	fifth
sixième	sixth
septième	seventh
huitième	eighth
neuvième	ninth

Important words

dixième	tenth
onzième	eleventh
douzième	twelfth
dix-septième	seventeenth
dix-huitième	eighteenth
dix-neuvième	nineteenth
vingtième	twentieth
vingt et unième	twenty-first
cinquantième	fiftieth
centième	hundredth

Time

l'heure (f)	the time
Quelle heure est-il?	What's the time?
Il est sept heures	It's seven o'clock
Il est deux heures cinq	It's five past two
Il est neuf heures et quart	It's a quarter past nine
Il est quatre heures et demie	It's half past four
Il est six heures moins vingt	It's twenty to six
Il est une heure moins le quart	It's a quarter to one
Il est midi/minuit	It's twelve o'clock noon/midnight
Il est midi et demi	It's half past twelve (noon)
Il est minuit et demi	It's half past twelve (midnight)
A seize heures vingt-cinq	At 16.25
A quatorze heures quarante-cinq	At 14.45
A dix-huit heures	At 18.00
du matin	a.m.
de l'après-midi	p.m. until 5p.m.
du soir	p.m. after 5.p.m.
à cinq heures du matin	at five o'clock in the morning
Quelle est la date d'aujourd'hui?	What's the date today?
C'est le lundi treize janvier mille neuf-cent quatre-vingt seize/dix-neuf cent quatre-vingt seize	It's Monday the thirteenth of January 1996
dimanche le premier mai	Sunday the first of May

Seasons

les saisons (f)	the seasons
le printemps	spring
l'été (m)	summer
l'automne (m)	autumn
l'hiver (m)	winter
au printemps	in spring

en été/automne/hiver — in summer/autumn/winter
pendant l'été — during the summer

Question words

les interrogatifs (m)	question words
à quelle heure?	at what time?
à qui?	whose?
avec qui?	with whom?
combien de fois?	how often?
combien de temps?	how long?
combien?	how many?
comment?	how?
où?	where?
pourquoi?	why?
qu'est-ce que?	what?
qu'est-ce qui?	what?
quand?	when?
qui est-ce qui?	who?
qui?	who?
quoi?	what?

Useful words

Quantities

autant	as much
une boîte de	a box of
une bouteille de	a bottle of
le centimètre	centimetre
une douzaine de	a dozen
une goutte de	a drop of
pas grand-chose	not much
une livre de	a pound of
la moitié	half
un morceau de	a piece of
un paquet de	a packet of
la plupart	most
un pot de	a pot of
un tiers de	a third of
une tranche de	a slice of
un peu	a little
un peu plus	a little more
une paire de	a pair of

Negatives

ne ... aucun	no
ne ... jamais	never
ne ... ni ... ni	neither ... nor
ne ... pas	not
ne ... personne	nobody
ne ... plus	no more, no longer
ne ... que	only
ne ... rien	nothing
non plus	neither
pas de vin	no wine

Prepositions

à	to, at
au bout de	at the end of
au fond de	at the bottom/far end of
au-dessous de	beneath
au-dessus de	above
autour de	around
avec	with
à bord de	aboard
chez	to/at the home of
contre	against
à côté de	beside
dans	in
derrière	behind
en	in
en face de	opposite
en-dessous de	under
entre	between
au lieu de	instead of
au milieu de	in the middle of
par	through/by
par-dessus	above
parmi	among
sans	without
sauf	except
sous	under
sur	on
à travers	across, through
vers	towards

'Avoir' expressions

avoir besoin de	to need
avoir envie de	to want (to do something)
avoir faim	to be hungry
avoir l'air (malade)	to look (ill)
avoir lieu	to take place
avoir mal à	to feel pain in
avoir peur	to be frightened
avoir raison	to be right
avoir soif	to be thirsty

avoir sommeil	to feel sleepy
avoir tort	to be wrong
en avoir marre	to be fed up

Other words and expressions

à cause de	because of
chacun	each one
donc	so
en général	in general
en sus	in addition
enfin	at last
environ	about
est-ce que?	is it that?
et	and
ici	here
il faut	it is necessary
il n'y a pas	there is not, there are not
il n'y en a pas	there isn't any/aren't any
il y a	there is, there are
il y aura	there will be
il y avait	there was, there were
il/ils	he/they (m)
je	I
lorsque	when
lui	him
Madame	Madam
Mademoiselle	Miss
mais	but
on	one
ou	or
oui	yes
parce que	because
pas mal	a lot
quelqu'un	someone
quelque chose de bon	something good
quelques-uns	some
selon	according to
si	if, so, yes
y compris	included

Area of Experience A

Everyday activities

Home life

At home

l'air (m)	appearance
l'ampoule (f)	light bulb
l'appartement (m)	flat, apartment
le balcon	balcony
la boîte aux lettres	letter-box
la chaise	chair
le chauffage (central)	central heating
chez moi	to/at my house
le code postal	post code
le confort	comfort
l'entrée principale	main entrance
l'escalier (m)	stairs
l'étagère (f)	shelf
la fenêtre	window
le fond	bottom, far end
le gaz	gas
la grille	the gate (metal)
l'habitude (f)	habit
l'horloge (m)	clock
intérieur (-ieure f)	interior
la lampe	lamp
le lavabo	hand basin
la lumière	light
la machine à coudre	sewing machine
la maison	house
le maquillage	make-up
le meuble	furniture
meublé	furnished
la moquette	carpet (fitted)
le pas	step
la pâte dentifrice	toothpaste
le peigne	comb
la pendule	clock

Everyday activities

le placard	cupboard
le plafond	ceiling
le plancher	floor
la porte	door
la poterie	pottery
la poubelle	dustbin
la poudre	powder
le rideau	curtain
le sommeil	sleep
le tapis	carpet (not fitted)
le tiroir	drawer
le toit	roof
le volet	shutter

Rooms

la cave	cellar
la chambre	bedroom
le garage	garage
la pièce	room
le rez de chaussée	ground floor
la salle à manger	dining room
la salle de bain	bathroom
la salle de séjour	lounge
le salon	lounge
le vestibule	hall

Materials

le coton	cotton
le cuir	leather
le feutre	felt
la forme	shape
la laine	wool
le métal	metal
le nylon	nylon
le papier	paper
le suède	suede
en bois	of wood
en coton	of cotton
en laine	of wool

en métal — of metal
en plastique — of plastic

Adjectives
ancien (ancienne f) — former, ancient
clair — clear, light
confortable — comfortable
différent — different
électrique — electric
moderne — modern
neuf (neuve f) — new
pittoresque — picturesque
typique — typical

Verbs
aider — to help
arroser — to water
brosser — to brush
construire — to build
coudre — to sew
débarrasser la table — to clear the table
faire la vaisselle — to do the washing up
faire le jardinage — to do the gardening
faire le lit — to make your bed
faire le ménage — to do the housework
faire le repassage — to do the ironing
fermer — to close
laver — to wash
mettre la table — to lay the table
mettre le couvert — to lay the table
nettoyer — to clean
ranger — to tidy
sécher — to dry
stationner — to park
travailler — to work
utiliser — to use
vérifier — to check

Everyday activities

The living room

le buffet	sideboard
le canapé	settee
la chaîne hi-fi	hi-fi
la chaîne-stéréo	hi-fi
la cheminée	fireplace
l'électrophone (f)	record player
le fauteuil	armchair
le magnétophone à cassettes	cassette recorder
le magnétoscope	video recorder
la peinture	painting
la radio	radio
le tableau	painting
la télévision	TV
le tourne-disque(s)	record player
le transistor	transistor

The bedroom

l'armoire (f)	wardrobe
la commode	chest of drawers
la couverture	blanket
le drap	sheet
le lit	bed
le manteau	blanket
l'ordinateur (m)	computer
l'oreiller (m)	pillow
le réveil	alarm clock

The bathroom

la baignoire	bath(tub)
le bain	bath
le bidet	bidet
la brosse à dents	tooth brush
les ciseaux (m)	scissors
le dentifrice	toothpaste
la douche	shower
le gant de toilette	flannel
le miroir	mirror
le rasoir	razor

11

le robinet	tap
la salle de bains	bathroom
le savon	soap
la serviette	towel
le shampooing	shampoo

The kitchen

la casserole	saucepan
le congélateur	freezer
la cuisine	kitchen
la cuisinière à gaz	gas cooker
la cuisinière électrique	electric cooker
l'évier (m)	sink
faire la cuisine	to cook
la farine	flour
le four à micro-ondes	micro-wave oven
le fridgidaire	fridge
le frigo	fridge
le lave-vaisselle	dishwasher
la machine à laver	washing machine
la nourriture	food
le plateau	tray
le poêle	stove
la poêle	frying pan
le pot	pot
les provisions (f)	food
le tire-bouchon	corkscrew

The garden

l'arbre (m)	tree
la barrière	gate/fence
la branche	branch
la feuille	leaf
la fleur	flower
la haie	hedge
le fruit	fruit
l'herbe (f)	grass
le jardin	garden
le mur	wall

Everyday activities

la pelouse — lawn
la plante — plant

Pets
le chat — cat
le chien — dog
le cobaye — guinea pig
le cochon d'Inde — guinea pig
le hamster — hamster
le perroquet — parrot
la perruche — budgerigar
le poisson — fish
le poisson rouge — goldfish

Housework
l'aspirateur (m) — vacuum cleaner
la lessive — laundry, washing
le linge — linen, washing
le ménage — housework
le nettoyage à sec — dry-cleaning
la plume — feather
la poussière — dust
la tache — stain
le tas — heap, pile
le torchon — tea-cloth, tea-towel
la vaisselle — washing up

School

In class
asseyez-vous! — sit down!
assieds-toi! — sit down!
attention! — be careful!
ça s'écrit comment? — how do you spell that?
défense de — forbidden to
exact — correct
indiquer — to point out

mettre dans le bon ordre	to put into the correct order
par exemple	for example
présent	present
qu'est-ce qu'il y a?	what's the matter?
qu'est-ce que c'est en français?	what is it in French?
venez ici!	come here!
viens ici!	come here!
voici	here is
voilà	there is
vouloir dire	to mean

Subjects

l'allemand (m)	German
l'anglais (m)	English
l'art (m)	art
la biologie	biology
la chimie	chemistry
le commerce	commerce
le dessin	drawing
l'éducation physique (f)	physical education
EMT (éducation manuelle et technique)	C.D.T.
EPS (éducation physique et sportive)	P.E.
l'espagnol (m)	Spanish
le français	French
la géographie	geography
la gymnastique	gymnastics
l'histoire (f)	history
l'informatique (f)	computing
les langues modernes (f)	modern languages
le latin	Latin
les math(s) (f)	maths
les mathématiques (f)	maths
la physique	physics
la science	science
les sciences économiques (f)	economics
les sciences naturelles (f)	biology
la technologie	technology
les travaux manuels (m)	handicraft

In school

l'accent (m)	accent
l'alphabet (m)	alphabet
le bac(calauréat)	A-level
le bulletin	school report
le cercle	circle
le chiffre	figure (numerical)
la classe	class
la description	description
les devoir(s) (m)	homework
le diplôme	certificate
l'échange (m)	exchange
l'emploi du temps (m)	timetable
en sixième	in Year 7
l'épreuve (f)	test
l'erreur (m)	mistake
l'examen (m)	examination
par exemple	for example
l'exemple (m)	example
l'extrait (m)	extract
la faute	fault, mistake
les grandes vacances (f)	summer holidays
l'horaire (f)	timetable
les instructions (f)	instructions
la leçon	lesson
la ligne	line
la matière	subject
le mot	word
la pause du midi	lunchtime
la phrase	sentence
le progrès	progress
la question	question
la récréation	break
la rentrée	back to school
le silence	silence
le succès	success
le tableau noir	blackboard
la terminale	upper-sixth
le trimestre	term

Adjectives

absent	absent
excellent	excellent
faux (fausse f)	false, wrong
juste	correct
mixte	mixed
primaire	primary
privé	private
scolaire	school
secondaire	secondary

Places

C.E.S. (Collège d'Enseignement Secondaire)	Secondary School
la cantine	canteen
le collège	school
le couloir	corridor
la cour	school-yard
l'école (f)	school (primary)
le gymnase	gym
le laboratoire	laboratory
le lycée	school
la salle	room
la salle de classe	classroom
la salle de musique	music room
la salle de professeurs	staff room

Equipment

le bic	pen
le cahier	exercise book
la calculatrice	calculator
le carnet	notebook
le cartable	school bag
le crayon	pencil
la gomme	rubber
la règle	rule, ruler
le stylo	pen
l'uniforme scolaire (m)	school uniform

Everyday activities

People

le/la concierge	caretaker
le directeur (m)/la directrice (f)	headmaster/mistress
l'élève (m)(f)	pupil
l'enseignant (m)	teacher
l'instituteur (m)/l'institutrice (f)	teacher (primary school)
le maître	master
le professeur	teacher
le/la secrétaire	secretary
le surveillant	supervisor

Verbs

ajouter	to add
améliorer	to improve
appartenir	to belong
apprendre	to learn
s'asseoir	to sit down
bavarder	to chatter
cacher	to hide
cesser	to stop (doing something)
classer	to classify/to file
cocher	to tick
corriger	to correct
décrire	to describe
demander	to ask
déranger	to disturb
détester	to hate
deviner	to guess
devoir	to have to
se disputer	to argue/to quarrel
diviser	to divide
dormir	to sleep
écouter	to listen
écrire	to write
effrayer	to frighten
empêcher	to prevent
s'endormir	to go to sleep
s'ennuyer	to be bored
entrer	to enter
espérer	to hope

essuyer	to wipe
étudier	to study
éviter	to avoid
expliquer	to explain
se fâcher	to get angry
faire attention	to be careful/to pay attention
frapper	to hit
gêner	to embarrass/to annoy
habiter	to live in
ignorer	to not know (something)
mesurer	to measure
se moquer de	to make fun of
obliger	to oblige
oublier	to forget
pardonner	to forgive
parler	to talk
partager	to share
partir	to leave
permettre	to permit
punir	to punish
raconter	to tell
se rappeler	to remember
respecter	to respect, observe (i.e. laws)
réussir	to succeed
rire	to laugh
savoir	to know
sonner	to ring
se taire	to stay silent
terminer	to finish
traduire	to translate
se tromper	to make a mistake
user	to use
vouloir	to wish, want

Food and drink

Meals

le déjeuner	lunch
le dîner	dinner
le goûter	afternoon snack
le petit déjeuner	breakfast
le pique-nique	picnic
le plat	dish
le plat principal	main course
le repas	meal
le souper	supper

Vegetables

l'artichaut (m)	artichoke
la betterave	beetroot
la carotte	carrot
le champignon	mushroom
le chou	cabbage
le chou de Bruxelles	sprout
le chou-fleur	cauliflower
la courgette	courgette
les frites (f)	chips
le haricot vert	green bean/french bean
la laitue	lettuce
le légume	vegetable
l'oignon (m)	onion
le petit pois	pea
la pomme de terre	potato
le riz	rice
la salade	salad, lettuce
la tomate	tomato

Fruit

l'abricot (m)	apricot
l'ananas (m)	pineapple
la banane	banana

le cassis	blackcurrant
la cerise	cherry
le citron	lemon
la fraise	strawberry
la framboise	raspberry
le fruit	fruit
le melon	melon
mûr	ripe
l'orange (f)	orange
le pamplemousse	grapefruit
la pêche	peach
la poire	pear
la pomme	apple
la prune	prune
le raisin	grape

Meat

l'agneau (m)	lamb
le bifteck	steak
le bœuf	beef
le canard	duck
la côtelette	chop
l'entrecôte (f)	rib-steak
le jambon	ham
le lapin	rabbit
la merguez	spicy sausage
le mouton	mutton
le porc	pork
le poulet	chicken
le rôti	roast meat
le salami	salami
la saucisse	sausage
le saucisson	salami-type sausage
le steak	steak
le veau	veal
la viande	meat

Everyday activities

On the table

le bol	bowl
la cafetière	coffee pot
la carafe	carafe
le couteau	knife
la cuiller/la cuillère	spoon
la fourchette	fork
la mayonnaise	mayonnaise
la moutarde	mustard
la nappe	tablecloth
le poivre	pepper
la sauce	gravy
le sel	salt
la soucoupe	saucer
le sucre	sugar
la table	table
la tasse	cup
le verre	glass
verser	to pour
le vinaigre	vinegar

Snacks

le bonbon	sweet
les chips (m)	crisps
le chocolat	chocolate
le croque-madame	toasted cheese sandwich with chicken
le croque-monsieur	toasted cheese sandwich with ham
la glace	ice cream
l'omelette (f)	omelette
les pâtes (f)	pasta
la pizza	pizza
le sandwich	sandwich
les spaghetti (m pl)	spaghetti
la tarte	cake
la tartine	slice of bread and butter
la vanille	vanilla

Starters

les crudités (f)	raw vegetables
l'entrée (f)	starter
le hors-d'œuvre	starter
le pâté	pâté
le potage	soup
la soupe	soup

From the sea/river

le coquillage	shellfish
le crabe	crab
les fruits de mer (m)	seafood
les moules (f)	mussels
le poisson	fish
la sardine	sardine
le saumon	salmon
le thon	tuna fish
la truite	trout

Desserts

le biscuit	biscuit
la crème (Chantilly)	whipped cream
la crêpe	pancake
le dessert	dessert
le fromage	cheese
le gâteau	cake
la glace	ice cream
la pâtisserie	pastry
la tarte maison	home-made tart
le yaourt	yogurt

Breakfast

la baguette	loaf
le beurre	butter
les céréales (f)	cereals
la confiture	jam
le croissant	croissant
grillé (pain grillé)	toast
le miel	honey

Everyday activities

l'œuf (m)	egg
l'œuf à la coque (m)	boiled egg
le pain	bread
le toast	toast

Drinks

l'alcool (m)	alcohol
l'apéritif (m)	pre-dinner drink
la bière	beer
la boisson	drink
le bouchon	cork
le café	coffee
le café-crème	white coffee
le chocolat chaud	hot chocolate
le cidre	cider
le citron pressé	crushed lemon
le coca (-cola)	coke
l'eau (f)	water
l'eau minérale (f)	mineral water
l'eau potable (f)	drinking water
le jus	juice
le jus de fruit	fruit juice
le lait	milk
la limonade	lemonade
l'orangina (f)	orangeade
le sirop	cordial
la soif	thirst
le thé	tea
le thé au lait	tea with milk
le vin	wine

In the restaurant

l'addition (f)	bill (i.e. in a café)
l'assiette (f)	plate
la bouteille	bottle
le choix	choice
le couvert	place at table
l'escargot (m)	snail
le garçon	waiter

le menu (à 90 francs, etc)	90-franc menu
le patron	restaurant owner
le plat du jour	today's menu
les pommes vapeur (f)	steamed potatoes
le pourboire	tip
la recette	recipe
le restaurant	restaurant
le self	self-service restaurant
le serveur	waiter
le service non compris	service not included
la spécialité	speciality
les toilettes (f)	toilets
le/la végétarien(ne)	vegetarian

In the café
le comptoir	counter
le garçon de café	waiter
la note	bill
l'ombre (f)	shade
le tarif	price-list
la terrasse	terrace

Two useful expressions
bon appétit	enjoy your meal
à la carte	not from the fixed menu

Adjectives
appétissant	delicious
assis	sitting
bien cuit	well-done (steak)
bon (m), (bonne f)	good
bon marché	cheap
bruyant	noisy
célèbre	famous
compris	included
correct	correct
délicieux (-ieuse f)	delicious
frais (fraîche f)	cool, fresh
léger (légère f)	light, slight

lent	slow
nombreux (-euse f)	numerous
à point	medium (steak)
principal	main
prochain	next
rare	rare
régulier (régulière f)	regular
saignant	rare (steak)
sensas	sensational
servi	served
sucré	sweet

Restaurant verbs

amener	to bring (someone)
apporter	to bring (something)
apprécier	to appreciate
approuver	to approve
attendre	to wait for
avoir envie de	to want to
bavarder	to chatter
boire	to drink
changer	to change
commander	to order
dire	to say
se disputer	to argue/to quarrel
donner	to give
emporter	to carry away
envoyer	to send
espérer	to hope
éviter	to avoid
fumer	to smoke
gêner	to embarrass/to annoy
hésiter	to hesitate
laisser tomber	to drop
manger	to eat
mettre	to put
montrer	to show
pardonner	to forgive
parler	to talk
partager	to share

partir	to leave
plaire	to please
préférer	to prefer
proposer	to suggest
recommander	to recommend
regretter	to regret
remercier	to thank
servir	to serve
sourire	to smile
terminer	to finish
se tromper	to make a mistake
vouloir	to wish, want

Health and fitness

Sports

l'alpinisme (m)	climbing
l'athlétisme (m)	athletics
le basket	basketball
le cyclisme	cycling
l'équitation (f)	horse-riding
faire du cheval	to go riding
le football	football
le handball	handball
le hockey	hockey
la natation	swimming
la pêche	fishing
la planche à roulettes	skate-boarding
la planche à voile	windsurfing
le rugby	rugby
le ski nautique	water-skiing
les sports d'hiver	winter sports
le tennis	tennis
la voile	sailing
le volley	volleyball

Everyday activities

Sport words

la mi-temps	at half-time
le ballon	ball
le but	goal
le casque	helmet
le champion	champion
le concours	competition
le coup de pied	kick
le/la cycliste	cyclist
l'équipe (f)	team
l'étape (f)	stage
le joueur	player
le match	match
le match nul	draw
le spectateur	spectator

Verbs

aimer	to like/to love
aimer bien	to quite like
améliorer	to improve
apercevoir	to notice
apprécier	to appreciate
s'arrêter	to stop
assister	to be present at
attraper	to catch
choisir	to choose
commencer	to begin
courir	to run
se disputer	to argue/to quarrel
durer	to last
empêcher	to prevent
emporter	to carry away
envoyer	to send
finir	to finish
gagner	to win
garder	to keep
glisser	to slip, to slide
grimper	to climb
s'intéresser à	to be interested in
jeter	to throw

jouer au football	to play football
laisser tomber	to drop
lancer	to throw
se laver	to get washed
lever	to lift
manquer	to lack, to miss (a person)
mener	to lead
nager	to swim
patiner	to skate
pêcher	to fish
perdre	to lose
ralentir	to slow down
ramasser	to pick up
sauter	to jump
siffler	to whistle
terminer	to finish

The body

la bouche	mouth
le bras	arm
les cheveux (m)	hair
le cœur	heart
le cou	neck
la coude	elbow
la dent	tooth
le doigt	finger
le dos	back
l'épaule (f)	shoulder
l'estomac (m)	stomach
la figure	face
le genou	knee
la gorge	throat
la jambe	leg
la joue	cheek
la langue	tongue
la lèvre	lip
la main	hand
le menton	chin
le nez	nose
l'œil (m), les yeux (m)	eye, eyes

Everyday activities

l'oreille (f)	ear
l'os (m)	bone
la peau	skin
le pied	foot
le poing	fist
la poitrine	breast, chest
le sang	blood
le talon	heel
la tête	head
le ventre	stomach
le visage	face
la voix	voice
les yeux (m)	eyes

Illness

l'ambulance (f)	ambulance
l'ampoule (f)	blister
l'aspirine (f)	aspirin
le comprimé	tablet
le corps	body
le coup de soleil	sunstroke
la douleur	pain
en forme	in good shape
enrhumé	having a cold
la fièvre	fever, temperature
la grippe	flu
mal	unwell
malade	sick
la maladie	illness
la médecine	medicine (the science)
le médicament	medicine
l'ordonnance (f)	prescription
la pilule	pill
la piqûre	sting
le remède	remedy
le rhume	cold
la santé	health
le sparadrap	plaster

Verbs

avoir mal à l'estomac	to have stomach pains
avoir mal à l'oreille	to have earache
avoir mal à la gorge	to have a sore throat
avoir mal à la tête	to have a headache
avoir mal au cœur	to feel sick
avoir mal au dos	to have a sore back
avoir mal au ventre	to have a stomach ache
avoir mal aux dents	to have toothache
avoir le mal de mer	to be seasick
avoir mal de tête	to have a headache
se blesser	to hurt oneself
se casser	to break
se couper	to cut oneself
se faire mal	to hurt oneself
garder le lit	to stay in bed
guérir	to cure
mourir	to die
piquer	to sting
prendre rendez-vous	to make an appointment
respirer	to breathe
se sentir	to feel
souffrir	to suffer
tomber malade	to fall ill
tousser	to cough
trembler	to shiver
vomir	to vomit

Area of Experience B

Personal and social life

Self, family and personal relationships

Family

l'adulte (m)(f)	adult	
l'âge (m)	age	
aîné	older, oldest	
s'appeler	to be called	
le beau-frère	brother-in-law	
le beau-père	father-in-law	
le bébé	baby	
la belle-mère	mother-in-law	
la belle-sœur	sister-in-law	
cadet (cadette f)	younger, youngest	
célibataire	single (not married)	
le cousin/la cousine	cousin	
la dame	lady	
le demi-frère	half-brother	
la demi-sœur	half-sister	
l'enfant (m)(f)	child	
l'épouse (f)	wife	
l'époux	husband	
la famille	family	
la femme	wife, woman	
le fiancé/la fiancée	fiancé	
la fille	girl, daughter	
le fils	son	
le frère	brother	
le/la gosse	child	
la grand-mère	grand-mother	
le grand-parent	grand-parent	
le grand-père	grand-father	
l'homme (m)	man	
le jumeau/la jumelle	twin	
maman	Mummy	
le mari	husband	
les membres de la famille (m)	family members	

la mère	mother
naître	to be born
le neveu	nephew
la nièce	niece
offrir	to offer, to give (a present)
l'oncle (m)	uncle
papa	Dad
les parents (m)	parents
le père	father
le petit-fils	grandson
la petite-fille	grand-daughter
les petits-enfants (m)	grandchildren
la sœur	sister
la tante	aunt
le veuf	widower
la veuve	widow
vivre	to live

Friends

l'ami (m), l'amie (f)	friend
l'amour (m)	love
beaucoup de monde	a lot of people
la bise	kiss on cheek
le/la camarade	friend
le copain (-ine f)	friend
la correspondance	mail
le correspondant	pen friend
de la part de	from
le dialogue	conversation
les gens (m)	people
l'hospitalité (f)	hospitality
l'invitation (f)	invitation
le jumelage	twinning
jumelé	twinned
la lettre	letter
le mensonge	lie
les nouvelles (f)	news
la personne	person
le rendez-vous	meeting
la réponse	reply

Personal and social life

la surprise	surprise
la surprise-partie	party
tout le monde	everybody
la ville jumelée	twin town
le visiteur	visitor
les vœux (m)	wishes

Verbs

accompagner	to accompany
aimer	to like/love
aimer bien	to quite like
s'allonger	to lie down
s'amuser	to have a good time
s'asseoir	to sit down
bavarder	to chatter
chanter	to sing
correspondre	to correspond
se coucher	to got to bed
danser	to dance
se débrouiller	to sort out one's difficulties/to manage
se dépêcher	to hurry
se déshabiller	to get undressed
se détendre	to relax
se disputer	to argue/to quarrel
s'écrire	to write to each other
s'endormir	to go to sleep
s'ennuyer	to be bored
s'entendre avec	to get on well with
épouser	to marry
se fâcher	to get angry
faire des promenades	to go for walks
faire du babysitting	to babysit
faire la connaissance	to get to know
faire les courses	to go shopping
faire partie de	to be a part of
s'habiller	to get dressed
s'intéresser à	to be interested in
inviter	to invite
jouer	to play

GCSE French Vocabulary Book

se laver	to get washed
se lever	to get up
manger	to eat
se moquer de	to make fun of
oublier	to forget
pardonner	to forgive
parler	to talk
partir	to leave
pleurer	to cry
prendre des photos	to take photos
présenter	to introduce
se promener	to go for a walk
punir	to punish
raconter	to tell
se raser	to shave
recevoir	to receive
se rencontrer	to meet
rendre visite à	to visit (a person)
rentrer	to go home
se reposer	to rest
se réveiller	to wake up
se voir	to see each other
voir	to see

Clothes

l'anorak (m)	anorak
la bague	ring
les baskets (f)	trainers
le blouson	jacket
la botte	boot
la boucle d'oreille	earring
le bouton	button
le caleçon	underpants
la ceinture	belt
le chapeau	hat
la chaussette	sock
la chaussure	shoe
la chemise	shirt
la chemise de nuit	nightie
le chemisier	blouse

Personal and social life

		MEG	NEAB	ULEAC	SEG	WJEC	NICCEA
le collant	tights						
le collier	necklace						
le complet	suit (man's)						
le costume	suit (man's)						
la cravate	tie						
la culotte	knickers						
l'écharpe (f)	scarf (neck)						
le foulard	scarf (head)						
le gant	glove						
le gilet	waistcoat						
l'imperméable (m)	raincoat						
le jean	jeans						
la jupe	skirt						
le képi	kepi						
les lunettes (f)	glasses						
le maillot de bain	swimming costume						
la manche	sleeve						
la mode	fashion						
la montre	watch						
le mouchoir	handkerchief						
l'or (m)	gold						
la paire	pair						
le pantalon	pair of trousers						
la pantoufle	slipper						
le parapluie	umbrella						
le pardessus	overcoat						
la poche	pocket						
la pointure	size (shoes)						
le porte-monnaie	purse						
le portefeuille	wallet						
le pull(over)	pullover						
le pyjama	pyjamas						
la robe	dress						
le rouge à lèvres	lipstick						
le ruban	ribbon						
le sac à main	handbag						
la sandale	sandal						
le short	shorts						
le slip	briefs						
le soulier	shoe						

GCSE French Vocabulary Book

le soutien-gorge	bra
le survêtement	tracksuit
le T-shirt	T-shirt
le tablier	apron
le tricot	sweater
la veste	jacket
les vêtements (m)	clothes

Free time and social activities

Free time

avec plaisir	with pleasure
le bal	dance
la balle	ball
le bar	bar
le bistrot	bar/pub
la boîte de nuit	night club
les boules (f)	bowls
la boum	party
le bricolage	DIY
le café	café
le café-tabac	café/tobacconist's
la canne à pêche	fishing rod
la cassette	cassette
le CD	CD-player
le centre de loisirs	leisure centre
le centre sportif	sports centre
la chaîne hi-fi	hi-fi
la chaîne-stéréo	hi-fi
le championnat	championship
la chance	luck
la chanson	song
le chanteur(-euse f)	singer
la chose	thing
la cigarette	cigarette
le cinéma	cinema
le cirque	circus
le club	club

Personal and social life

	MEG	NEAB	ULEAC	SEG	WJEC	NICCEA
le concert — concert	•	•	•	•	•	•
le congé — holiday/time off	•	•	•	•	•	•
la distraction — entertainment	•			•		•
les échecs (m) — chess	•	•	•	•	•	•
l'électrophone (f) — record-player	•	•	•	•	•	•
l'exposition (f) — exhibition	•	•	•	•	•	•
la fête — party	•	•	•	•	•	•
gonfler — to inflate				•		
le jardin d'agrément — pleasure garden				•		
le jardin potager — vegetable garden				•		
le jardin zoologique — zoo	•	•	•	•	•	•
le jardinage — gardening	•	•	•	•	•	•
le jeu — game	•	•	•	•	•	•
le jeu d'arcade — arcade game	•	•	•	•	•	•
le jeu électronique — computer game	•	•	•	•	•	•
le jeu-vidéo — video game	•	•	•	•	•	•
le jouet — toy	•	•	•	•	•	•
la location — hiring out/renting out	•		•	•		•
le loisir — leisure, free time	•	•	•	•	•	•
la machine à coudre — sewing machine	•			•		•
le magnétophone à cassettes — cassette recorder	•	•	•	•	•	•
le magnétoscope — video recorder	•	•	•	•	•	•
la maison des jeunes — youth club	•	•		•	•	•
les mots croisés (m) — crossword	•	•	•	•	•	•
la natation — swimming	•	•	•	•	•	•
l'opéra (m) — opera	•	•	•	•	•	•
le passe-temps — hobby	•	•	•	•	•	•
le patin (à roulettes) — (roller) skate	•	•	•	•	•	•
la patinoire — ice-skating rink	•	•	•	•	•	•
la pêche — fishing	•	•	•	•	•	•
la peinture — painting	•	•	•	•	•	•
la piste — ski-slope, track	•	•	•	•	•	•
la planche à voile — surf board	•	•	•	•	•	•
la pompe — pump				•		
la poupée — doll	•	•	•	•	•	•
la promenade — walk	•	•	•	•	•	•
la radio — radio	•	•	•	•	•	•
la randonnée — long walk	•	•	•	•	•	•
le résultat — result	•		•	•	•	•
le sac à dos — rucksack	•	•	•	•	•	•

le slip de bain	swimming trunks
le spectacle	show
le sport	sport
le stade	stadium
le tabac	tobacco
la télévision par cable	cable (TV)
le terrain	pitch
le vélo	bicycle
la voile	sailing
le VTT (vélo tout terrain)	mountain bike
le week-end	weekend
le yoga	yoga

Reading

la bande dessinée	comic strip
illustré	illustrated
le journal	newspaper
la lecture	reading
lire	to read
le livre	book
le magazine	magazine
la page	page
la revue	magazine
le roman	novel
le roman d'amour	romance novel
le roman policier	detective novel

At the cinema

l'acteur (m)/l'actrice (f)	actor/actress
la comédie	comedy
le commencement	start
le début	beginning
le dessin animé	cartoon
le film comique	comedy
le film d'amour	romantic film
le film d'aventures	adventure film
le film d'épouvante	horror film
le film d'horreur	horror film
le film policier	detective film

Personal and social life

la fin	end
l'ouvreuse (f)	usherette
la pièce de théâtre	play
le rang	row
la séance	performance
sous-titré	sub-titled
le théâtre	theatre
la vedette	star
en version française	dubbed in French
en version originale	not dubbed
le western	western film

Music

classique	classical
le disc compact	compact disc
la disco (thèque)	disco
le disque	record
l'hi-fi (f)	hi-fi
le jazz	jazz
jouer du piano	to play the piano
le musicien (m)/la musicienne (f)	musician
la musique	music
la musique classique	classical music
l'orchestre (m)	orchestra
pop	pop
le rock	rock
le son	sound
le studio	studio
tenir	to hold

Musical instruments

la flûte à bec	recorder
la guitare	guitar
l'instrument (m)	instrument
le piano	piano
la trompette	trumpet
la trousse	instrument case
le violon	violin

GCSE French Vocabulary Book

TV

les actualités (f)	news
la cassette vidéo	video cassette
l'écran (m)	screen
l'émission (f)	programme
en différé	not live
en direct	live
le feuilleton	soap
l'image (f)	picture
les informations (f)	news
le journal télévisé	TV news
l'onde (f)	wavelength
le programme	programme
le satellite	satellite
le téléspectateur	viewer
le téléviseur	TV set
la télévision	televison

Verbs

accompagner	to accompany
acheter	to buy
aimer	to like/love
s'allonger	to lie down
s'amuser	to have a good time
se baigner	to bathe
bavarder	to chatter
bricoler	to do DIY
se bronzer	to sunbathe
chanter	to sing
dessiner	to draw
se détendre	to relax
écouter	to listen
faire des promenades	to go for walks
faire du bricolage	to do DIY
faire du lèche-vitrines	to go window shopping
faire le jardinage	to do the gardening
faire une promenade	to go for a walk
faire une randonnée	to go for a long walk
fumer	to smoke
jouer aux cartes	to play cards

Personal and social life

jouer de la musique	to play music
manger	to eat
marcher	to walk
nager	to swim
parler	to talk
patiner	to skate
pêcher	to fish
rire	to laugh
sauter	to jump
sortir	to go out
visiter (un endroit)	to visit (a place)
voyager	to travel

Holidays

On holidays

l'appareil photo (m)	camera
les arrhes (f)	deposit
l'arrivée (f)	arrival
au bord de la mer	at the seaside
l'auto-stop (m)	hitch-hiking
l'aventure (f)	adventure
bon voyage!	have a good trip!
bon week-end!	have a good weekend!
la brochure	brochure
le bureau de renseignements	information office
le bureau de tourisme	tourist office
la carte	map
la colonie de vacances	holiday camp for children
déclarer	to declare
le dépliant	leaflet
la douane	customs
l'étranger (m)	foreigner
à l'étranger (m)	abroad
l'excursion (f)	trip
le gîte	rented property
le groupe	group
le/la guide	guide

GCSE French Vocabulary Book

French	English	MEG	NEAB	ULEAC	SEG	WJEC	NICCEA
l'hébergement (m)	lodging	•	•	•	•	•	•
l'idée (f)	idea	•	•	•	•	•	•
l'identité (f)	identity	•	•	•	•	•	•
la N2	Route Nationale 2	•	•	•	•	•	•
le passager	passenger	•	•	•	•	•	•
le passeport	passport	•	•	•	•	•	•
la pellicule	film (for camera)	•	•	•	•	•	•
la photo	photo	•	•	•	•	•	•
le projet	plan	•	•	•	•	•	•
les renseignements (m)	information	•	•	•	•	•	•
la réservation	reservation	•	•	•	•	•	•
le retard	delay	•	•	•	•	•	•
la saison	season	•	•	•	•	•	•
le séjour	stay	•	•	•	•	•	•
le ski	skiing	•	•	•	•	•	•
le souvenir	souvenir	•	•	•	•	•	•
la station de ski	ski resort	•	•	•	•	•	•
le syndicat d'initiative	tourist office	•	•		•	•	•
le tour	tour	•	•	•	•	•	•
le/la touriste	tourist	•	•	•	•	•	•
le trajet	journey	•	•	•	•	•	•
les vacances (f)	holidays	•	•	•	•	•	•
la valise	suitcase	•	•	•	•	•	•
la visite	visit	•	•	•	•	•	•
le voyage	journey	•	•	•	•	•	•
le voyageur	traveller	•	•	•	•	•	•

Camping

French	English	MEG	NEAB	ULEAC	SEG	WJEC	NICCEA
l'accueil (m)	welcome, reception	•	•	•	•	•	•
l'allumette (f)	match	•	•	•	•	•	•
le bloc sanitaire	toilet block	•	•	•	•	•	•
le camp	camp	•	•	•	•	•	•
le campeur	camper	•	•	•	•	•	•
le camping	campsite	•	•	•	•	•	•
le canif	penknife	•	•	•	•	•	•
la caravane	caravan	•	•	•	•	•	•
la corde	rope	•	•	•	•	•	•
l'eau non-potable	non-drinking water	•	•	•	•	•	•
l'emplacement (m)	pitch	•	•	•	•	•	•
l'endroit (m)	spot/place	•	•	•	•	•	•

Personal and social life

le feu	fire
la lampe à poche	torch
le matériel	equipment
le moustique	mosquito
non-potable	not drinking water
l'ouvre-boîte (m)	tin-opener
l'ouvre-bouteille (m)	bottle-opener
la pile	battery
le plat cuisiné	cooked meal
en plein air	in the open air
la salle de jeux	games room
la tente	tent

At the hotel

l'ascenseur (m)	lift
l'auberge de jeunesse (f)	youth hostel
les bagages (m)	luggage
la chambre avec un grand lit	room with a double bed
la chambre de famille	family room
la chambre de libre	room free
la chambre pour deux personnes	double room
la chambre pour une personne	single room
la clé	key
la clef	key
le domicile	home/place of residence
le dortoir	dormitory
en avance	in advance
la fiche	form
l'hôtel (m)	hotel
inclus	included
libre	free
le message	message
la nationalité	nationality
né le ...	born on the ...
le nom	name
le nom de famille	surname
par jour	per day
par personne	per person
la pension (complète)	full board
le prénom	first name

la réception	reception
le règlement	set of rules
le sac de couchage	sleeping bag
la vue	view

Verbs

accepter	to accept
s'en aller	to go away
s'allonger	to lie down
arriver	to arrive
attendre	to wait for
atterrir	to land (plane)
attirer	to attract
avoir envie de	to want to
se baigner	to bathe
boire	to drink
se bronzer	to sunbathe
changer	to change
comprendre	to understand
conduire	to drive
confirmer	to confirm
connaître	to know (a person or place)
coûter	to cost
danser	to dance
décoller	to take off (plane)
découvrir	to discover
dépenser	to spend (money)
donner sur	to overlook
dormir	to sleep
s'échapper	to escape
économiser	to save (money)
s'ennuyer	to be bored
envoyer	to send
faire des économies	to save money
faire des promenades	to go for walks
faire du camping	to camp
faire le plein	to fill up
grimper	to climb
jouer	to play
jouer au football	to play football

Personal and social life

loger	to give accommodation
louer	to hire
nager	to swim
se noyer	to drown
parler	to talk
partir	to leave
payer	to pay
pêcher	to fish
prendre des photos	to take photos
se promener	to go for a walk
se renseigner	to get information
réserver	to book
rester	to stay
retourner	to return
revenir	to return
signer	to sign
sonner	to ring
sortir	to go out
traverser	to cross
trouver	to find
se trouver	to find oneself
venir	to come
visiter (un endroit)	to visit a place
voir	to see
voyager	to travel

Abstractions

l'amitié (f)	friendship
le bonheur	happiness
le caractère	temper/temperament
le changement	change
l'épouvante (f)	fear
l'espoir (m)	hope
l'état (m)	state
la façon	the way (of doing something)
la faim	hunger
le goût	taste
la honte	shame
l'odeur (f)	smell
la peur	fear

GCSE French Vocabulary Book

la politesse — courtesy
la vérité — truth

Expressions

d'accord — okay
ah, bon! — I see!
aïe! — ouch!
bon appétit! — enjoy your meal!
au revoir — goodbye
au secours! — help!
bien entendu — of course
bien sûr — of course
eh bien! — well then!
à bientôt — see you soon!
la bienvenue — welcome
bof! — so what?
bonjour — good morning
bonne chance! — good luck!
bonne fête! — happy saint's day
bonne nuit — good night
bonsoir — good evening
bravo! — well done!
c'est-à-dire — that is to say
ça alors! — gosh!
ça dépend — it depends
ça m'est égal — I don't care
ça va — things are fine/it's okay
certainement! — certainly!
chouette! — great!
à demain — see you tomorrow!
désolé! — very sorry!
quel dommage! — what a pity!
entendu — agreed
excuser — to excuse
excusez-moi — sorry
j'en ai marre — I'm fed up
je m'excuse — I am sorry/I apologise
je ne sais pas — I don't know
je veux bien — I would like to/I am willing to

Personal and social life

je voudrais	I would like to
lève-toi!	get up!
levez-vous!	get up!
merci	thank you
merci beaucoup	thank you very much
à mon avis	in my opinion
mon Dieu	my goodness
non	no
nul!	useless!
pardon	excuse me
avec plaisir	with pleasure
pour commencer	to start with
quand même	all the same
de rien	don't mention it
s'il te/vous plaît	please
salut	hello
à samedi	see you on Saturday
sers-toi	help yourself
ça suffit	that's enough
tant mieux	so much the better
tant pis	too bad
le truc	thingumajig
zut!	heck!

Special occasions

Occasions

l'anniversaire (m)	birthday
bon anniversaire	happy birthday
bonne année	happy New Year
la bûche de Noël	Christmas log
le cadeau	present
catholique	Catholic
Dieu (m)	God
les félicitations (f pl)	congratulations
un jour férié	a bank holiday
fêter	to celebrate
un feu d'artifice (m)	fireworks

47

GCSE French Vocabulary Book

le Jour de l'An	New Year's Day
le jour férié	a bank holiday
joyeux Noël!	Happy Christmas!
le mariage	wedding
le marié/la mariée	groom/bride
meilleurs vœux	best wishes
la messe	mass
la mort	death
la naissance	birth
les noces (f)	wedding
Noël (m)	Christmas
le Nouvel An	New Year
Pâques (f)	Easter
la Pentecôte	Whitsun
Protestant	Protestant
souhaiter	to wish
le Tour de France	Tour de France
la Toussaint	All Saint's Day
la vendange	grape harvest

Incidents

l'assurance (f)	insurance
au feu!	fire!
le cambriolage	burglary
le cambrioleur	burglar
la collision	collision
crevé	punctured
le danger	danger
disparu	disappeared
l'explosion (f)	explosion
l'incendie (m)	fire
l'inondation (f)	flood
le meutre	murder
les objets trouvés (m)	lost property
la police-secours	emergency services
la récompense	reward
le tremblement de terre	earthquake
le trésor	treasure
le trou	hole
tuer	to kill

Personal and social life

voler	to steal
le voleur	thief
le voyou	hooligan

Verbs

aider	to help
aller chercher	to fetch
aller mieux	to be better
allumer	to light, switch on
améliorer	to improve
assister à	to be present at
attendre	to wait for
attraper	to catch
avaler	to swallow
battre	to beat
cambrioler	to burgle
chercher	to look for
crier	to shout
déchirer	to tear
découvrir	to discover
disparaître	to disappear
se disputer	to argue/quarrel
doubler	to overtake
s'échapper	to escape
faire de l'autostop	to go hitch-hiking
freiner	to brake
glisser	to slip, to slide
se noyer	to drown
oublier	to forget
perdre	to lose
pleurer	to cry
pousser	to push
protéger	to protect
punir	to punish
remarquer	to notice
remercier	to thank
renverser	to knock over/spill
réussir	to succeed
soupçonner	to suspect

Feelings

amoureux (-euse f) de	in love with
en colère	angry
content	pleased
curieux (-euse f)	curious
déçu	disappointed
fâché	angry
fatigué	tired
fier (fière f)	proud
furieux (-ieuse f)	furious
gai	cheerful
heureux (-euse f)	happy
inquiet (-iète f)	worried
jaloux (-ouse f)	jealous
ravi	delighted
reconnaissant	grateful
satisfait	satisfied
surpris	surprised
triste	sad

Area of Experience C

The world around us

Home town and local area

In the street

l'affiche (f)	poster
l'allée (f)	lane, path
l'avenue (f)	avenue
le banc	bench
le boulevard	avenue
le bout	end
le bruit	noise
le carrefour	crossroads
le centre	centre
le centre-ville	town centre
la circulation	traffic
le code de la route	highway code
le coin	corner
défendu	forbidden
devant	in front of
la direction	direction
l'embouteillage (m)	traffic jam
le feu (rouge)	traffic lights
le flic	policeman
la gendarmerie	police station
H.L.M. (habitation à loyer modéré) (f)	council flat
interdit	forbidden
le kiosque	kiosk
le kiosque à journaux	newspaper kiosk
le mètre	metre
la mobylette	small motorcycle
le panneau	(road) sign
le passage à niveau	level crossing
le passage clouté	pedestrian crossing
le passant	passer-by
le piéton	pedestrian
prière de ...	please do not ...

51

GCSE French Vocabulary Book

la queue	queue
le rond-point	roundabout
la rue	street
sens interdit	no entry
sens unique	one-way
la tour	tower
tourner	to turn
tout droit	straight on
toutes directions	all traffic
le trottoir	pavement
se trouver	to be found/to be situated

In town

la banlieue	outskirts (of a city)/suburbs
la fontaine	fountain
l'habitant (m)	inhabitant
l'industrie (f)	industry
le jardin public	park
le parc	park
parisien (-ienne f)	Parisian
le parking	car park
la piscine	swimming pool
la place	square
le plan	map (of town)
le pont	bridge
le quartier	district

Buildings

le bâtiment	building
la bibliothèque	library
le bureau des objets trouvés	lost-property office
la cathédrale	cathedral
le centre commercial	shopping centre
le château	castle
le commissariat	police station
l'église (f)	church
l'hôpital (m)	hospital
l'hôtel de ville (m)	town hall
l'immeuble (m)	block of flats

The world around us

	MEG	MEG	NEAB	ULEAC	SEG	WJEC	NICCEA
la mairie								town hall
le monument								monument
le musée								museum
l'office du tourisme (m)								tourist office
P et T (Postes et Télécommunications)								Post Office
le poste de police								police station

Shops

l'agence de voyages (f) — travel agent's
l'alimentation (f) — grocer's
le boucher/la bouchère — butcher
la boucherie — butcher's
la boulangerie — baker's
le boulanger/la boulangère — baker
la boutique — shop
le bureau de poste — post office
le bureau de tabac — tobacconist's
la charcuterie — pork butcher's
la confiserie — sweet shop/delicatessen
la crémerie — dairy
la crêperie — pancake shop
l'épicerie (f) — grocer's
l'épicier/l'épicière — grocer
la librairie — book shop
le libre-service — self-service
le marchand de fruits et de légumes — greengrocer
la papèterie — stationer's
la parfumerie — perfume shop
la pâtisserie — cake shop
la pharmacie — chemist's
le pharmacien — chemist
la poissonnerie — fish shop

Shopping

l'achat (m) — purchase
l'article (m) — article
et avec ça? — anything else?
l'argent (m) — money

53

GCSE French Vocabulary Book

c'est combien?	how much is it?
c'est tout	that's all
la cabine d'essayage	fitting room
le chariot	trolley (supermarket)
le client	customer
combien?	how much?/how many?
l'étage (m)	floor, storey
faire les commisions	to do the shopping
fermé	closed
la fermeture	closing
le gramme	gram
le grand magasin	department store
gratuit	free (of charge)
l'hypermarché (f)	hypermarket
le kilo	kilo
la liste	list
le magasin	shop
le marché	market
le morceau	piece
ouvert	open
l'ouverture (f)	opening
le panier	basket
le parfum	perfume
pas très cher	not very expensive
pas trop cher	not too expensive
le prix	price
le prix fixe	set price
la promotion	special offer
le rayon	shop department
le reçu	receipt
la réduction	reduction
réduit	reduced
le sac	bag
les soldes (f)	sales
la sorte	sort
au sous-sol (m)	in the basement
le supermarché	supermarket
la taille	size/waist
la tranche	slice
TVA (taxe à la valeur ajoutée) (f)	VAT

une sorte de — a type of
en vente — on sale
la vitrine — shop window
la zone piétonne — pedestrian zone

Shopping verbs

acheter	to buy
aller chercher	to fetch
attirer	to attract
avoir envie de	to want to/to feel like
changer	to change
commander	to order
comparer	to compare
conseiller	to advise
coûter	to cost
décider	to decide
décrire	to describe
demander	to ask
dépenser	to spend (money)
désirer	to want
entrer	to enter
essayer	to try
éviter	to avoid
faire du lèche-vitrines	to go window shopping
faire les courses	to go shopping
garer	to park
livrer	to deliver
montrer	to show
payer	to pay
plaire	to please
préférer	to prefer
prendre	to take
se renseigner	to get information
sembler	to seem
servir	to serve
sonner	to ring
stationner	to park
trouver	to find
vendre	to sell

At the Post Office

l'adresse (f)	address
la boîte aux lettres	post box/letter box
la carte postale	postcard
le colis	packet, parcel
le courrier	mail
le facteur	postman
la lettre par avion	air-mail letter
la lettre recommandée	registered letter
mettre à la poste	to post
le paquet	packet, parcel
par avion	by air
la poste	post
la poste restante	post restante
poster	to post
la télégramme	telegram
le timbre (d'un franc)	(one-franc) stamp
fragile	fragile
urgent	urgent

At the bank

l'argent (m)	money
l'argent de poche (m)	pocket money
la banque	bank
le billet de x francs	x-franc note
BNP	Banque Nationale de Paris (name of a bank)
le bureau de change	exchange office
la caisse	cash point, till
le carnet de chèques	cheque book
la carte bancaire	banker's card
le centime	centime
le chèque	cheque
le chèque de voyage	traveller's cheque
la commission	commission
le chéquier	cheque book
le compte	account
le cours	exchange rate
le Crédit Agricole	Crédit Agricole (French Bank)
le franc	franc

The world around us

le guichet	counter window
la livre sterling	pound sterling
la monnaie	change
la pièce	coin
la pièce d'identité	ID
la somme	sum

Bank verbs

accepter	to accept
changer	to change
compter	to count
économiser	to save (money)
emprunter	to borrow
expliquer	to explain
faire des économies	to save money
fermer	to close
prêter	to lend
remplir une fiche	to fill in a form
signer	to sign

The natural and made environment

The environment

l'ambiance (f)	atmosphere
le bassin	pond
le bois	wood
la campagne	countryside
la capitale	capital
le champ	field
le chemin	path, way
la colline	hill
la côte	coast
l'étoile (f)	star
le fleuve	river
la forêt	forest
l'herbe (f)	grass
l'île (f)	island
le lac	lake

GCSE French Vocabulary Book

la lune	moon
la mer	sea
le monde	world
la montagne	mountain
la nature	nature
le pays	country
le paysage	countryside/scenery
la région	region
la rivière	river
le sommet	top (e.g. of a hill)
la terre	earth
la vallée	valley
le village	village
la ville	town/city
le voisin	neighbour

Animals

l'abeille (f)	bee
l'animal (m)	animal
la bête	animal/creature
le cheval	horse
le cochon	pig
le coq	cockerel
la dinde	turkey
l'insecte (m)	insect
le loup	wolf
la mouche	fly
l'oiseau (m)	bird
la patte	paw (leg of animal)
la poule	hen
le renard	fox
la souris	mouse
le taureau	bull
la tortue	tortoise
la vache	cow

At the seaside

le bateau	boat
le bord	edge

The world around us

au bord de la mer	at the seaside
la crème solaire	suncream
la falaise	cliff
la marée	tide
la marée basse	low tide
la marée haute	high tide
la plage	beach
plonger	to dive
le port	port
le rocher	rock
le sable	sand

Colours

blanc (blanche f)	white
bleu	blue
blond	blond
brun	brown
châtain	chestnut brown
la couleur	colour
de quelle couleur?	what colour?
foncé	dark
gris	grey
jaune	yellow
marron	brown
noir	black
pâle	pale
rose	rose/pink
rosé	pink
rouge	red
roux (rousse f)	reddish-brown/ginger
sombro	dark
vert	green
violet (-ette f)	violet/purple

Adjectives

assis	sitting
aucun	no
autre	other
bon marché	cheap

bref (brève f)	brief
ce, cet, cette, ces	this, these
chaque	each
compris	included
dernier (-ière f)	last
double	double
égal	equal
enchanté	delighted
équivalent	equivalent
essentiel (-elle f)	essential
étrange	strange
facile	easy
fragile	fragile
incroyable	incredible
industriel (-elle f)	industrial
international	international
léger (-ère f)	light, slight
lent	slow
même	same
mouillé	wet
moyen (-enne f)	average
naturel (-elle f)	natural
nécessaire	necessary
nombreux (-euse f)	numerous
nouveau (-elle f)	new
passager (-ère f)	passing
plusieurs	several
possible	possible
principal	main
probable	probable
prochain	next
public (-ique f)	public
quelque	some
rare	rare
réel (-elle f)	real
régulier (-ière f)	regular
religieux (-ieuse f)	religious
sûr	sure
surprenant	surprising

tous, toute (f sing),
tous (m pl), toutes (f pl)   all

Points of the compass
l'est (m)   east
le nord   north
l'ouest (m)   west
le sud   south

Directions
à ... kilomètres (m)   ... kilometres away
à ... mètres (m)   ... metres away
à ... minutes (f)   ... minutes away
le côté   side
à droite   to/on the right
la droite   right
en bas   below, downstairs
en haut   above, upstairs
entouré de   surrounded by
en face de   opposite
la flèche   arrow
à gauche   to/on the left
la gauche   left
sur votre gauche   on your left
là   there
là-bas   over there
le long de   along
loin d'ici   far from here
loin de   far from
où   where
par ici   this way
par là   that way
partout   everywhere
pour aller à ...?   how do I get to ...?
près de   near
proche   near
tout droit   straight on
tout près   very near

Places

la Chaussée des Géants	The Giants' Causeway
la Côte d'Azur	French Riviera
le département	department (county)
la Tour Eiffel	Eiffel Tower

How much?

absolument	absolutely
assez	enough, quite
beaucoup	a lot
complètement	completely
moins	less
moins que	less than
peu	little, few
à peu près	approximately
plus	more
plus de	more than +number
plus que	more than
presque	almost
tout à fait	completely
à toute vitesse	at full speed
trop	too, too much/too many

Where?

ailleurs	elsewhere
debout	standing
dedans	inside
dehors	outside
ensemble	together
là-dedans	inside
là-haut	up there
n'importe où	anywhere

How?

affectueusement	with love
amicalement	amicably
bien	well
de bonne humeur	in a good mood
brièvement	briefly

The world around us

doucement	gently, softly
exactement	exactly
extrêmement	extremely
à la hâte	in haste
lentement	slowly
de mauvaise humeur	in a bad mood
mieux	better
pressé	in a hurry
prêt	ready
rapidement	quickly
soudain	suddenly
tout à coup	suddenly
vite	quickly
vraiment	truly/really

When?

d'abord	first of all/at first
actuellement	at the present time
alors	then
l'an (m)	year
l'année (f)	year
après	after
après-demain	the day after tomorrow
l'après-midi (m)	afternoon
aujourd'hui	today
autrefois	in the past
avant	before
avant-hier	the day before yesterday
l'avenir (m)	future
bientôt	soon
combien de temps?	how long?
d'avance	in advance
de bonne heure	early
de temps en temps	from time to time
au début	at the beginning
demain	tomorrow
depuis	since
en même temps que	at the same time as
en retard	late
encore une fois	once again

ensuite	next
la fois	time, occasion
à l'heure	on time
l'heure (f)	hour, time
hier	yesterday
hier soir	last night
huit jours	week
l'instant (m)	instant/moment
le jour	day (moment in time)
la journée	day (period of time)
jusqu'à	until
le lendemain	the next day
longtemps	a long time
maintenant	now
le matin	morning (moment in time)
la matinée	morning (period of time)
midi	midday
minuit	midnight
la minute	minute
le mois	month
le moment	moment
la nuit	night
parfois	occasionally
à partir de	from
le passé	past
pendant	during
pendant que	while
puis	then
quand? combien de temps?	when? how long?
à quelle heure?	at what time?
quelquefois	sometimes
la quinzaine	fortnight
quinze jours	fortnight
récent	recent
en retard	late
la seconde	second
la semaine	week
le siècle	century
le soir	evening (moment in time)
la soirée	evening (period in time)

souvent	often
sur le point de (+ inf)	on the point of/about to
tard	late
de temps en temps	from time to time
tôt	early
toujours	still, always
tous les jours	every day
tous les mois	every month
tout à l'heure	just now
tout de suite	straight away
toutes les ... minutes	every ... minutes
en train de (+ inf)	in the act of

The weather

l'averse (f)	shower (of rain)
le brouillard	fog
la brume	mist
la chaleur	heat
le ciel	sky
le climat	climate
le degré	degree
l'éclair (m)	flash of lightning
l'éclaircie (f)	bright period
la glace	ice
la météo	weather forecast
la neige	snow
le nuage	cloud
l'orage (m)	storm
la pluie	rain
la pression	pressure
le soleil	sun
la température	temperature
la tempête	storm
le temps	weather
le tonnerre	thunder
le vent	wind
le verglas	black-ice
la visibilité	visibility

Weather adjectives

agréable	pleasant
chaud	hot
couvert	cloudy/overcast
doux (douce f)	mild
ensoleillé	sunny
fort	strong
froid	cold
lourd	heavy, sultry
humide	damp
orageux (-euse f)	stormy
sec (sèche f)	dry
pluvieux (-ieuse f)	rainy
variable	variable

Weather verbs

briller	to shine
il fait beau/chaud/froid/du vent	it is nice/hot/cold/windy
il gèle/neige/pleut	it is freezing/snowing/raining
geler	to freeze
neiger	to snow
pleuvoir	to rain
tonner/le tonnerre	to thunder/thunder

Shapes and sizes

aigu (aiguë f)	sharp
carré	square
court	short
demi	half
dur	hard
énorme	enormous
entier (entière f)	whole
épais (épaisse f)	thick
étroit	narrow
grand	big
gros	large/fat
large	wide
long (longue f)	long
petit	small

rectangulaire	rectangular
rond	round
vide	empty

General adverbs

au moins	at least
aussi	also
comme	as, like
comme ci comme ça	so-so
comment	how
au contraire	on the contrary
d'habitude	normally
d'où	where from
déjà	already
sans doute	no doubt
également	equally
encore	still, again, yet
généralement	usually
immédiatement	straight away
malheureusement	unfortunately
normalement	normally
de nouveau	again
un peu plus	a little more
peut-être	perhaps
plutôt	rather
pour	for
pourtant	however
récemment	recently
seul	alone
seulement	only
surtout	especially
très	very

People

Positive adjectives

accueillant	welcoming
affectueux (-euse f)	affectionate
aimable	pleasant
amusant	funny
avantageux (-euse f)	advantageous
beau (belle f)	beautiful
bon (bonne f)	good
célèbre	famous
charmant	charming
chic	elegant
correct	correct
au courant	well-informed
drôle	funny
élégant	elegant
favori (favorite f)	favourite
formidable	tremendous/great
génial	excellent
gentil (-ille f)	nice
historique	historic
honnête	honest
impressionnant	impressive
intelligent	intelligent
intéressant	interesting
joli	pretty
magnifique	magnificent
meilleur	better
merveilleux (-euse f)	marvellous
mignon (mignonne f)	nice
parfait	perfect
passionnant	exciting
poli	polite
pratique	practical
précis	accurate
préféré	favourite
propre	clean

The world around us

sage	well-behaved/wise
sain	healthy
sensas	sensational
spécial	special
sportif (-ive f)	sporting
sympa	nice/friendly
sympathique	nice/friendly
unique	unique
utile	useful
vrai	true

Negative adjectives

affreux (-euse f)	awful
bête	silly/stupid
bruyant	noisy
cassé	broken
dangereux (-euse f)	dangerous
désagréable	unpleasant
difficile	difficult
égoïste	selfish
ennuyeux	boring
fatigant	tiring
fou (folle f)	mad
idiot	silly
impoli	impolite
impossible	impossible
inutile	useless
laid	ugly
malheureux	unhappy, unfortunate
mauvais	bad
méchant	naughty
moche	ugly
négatif (-ive f)	negative
paresseux (-euse f)	lazy
sale	dirty
terrible	terrible
vilain (vilaine f)	naughty

Physical adjectives

âgé	aged
bas (basse f)	low, small
bien habillé	well-dressed
calme	quiet
cher (chère f)	dear
comique	funny
compliqué	complicated
divorcé	divorced
dynamique	dynamic
étonnant	astonishing
extraordinaire	extraordinary
faible	weak
frisé	curly
gras (grasse f)	fat
grave	serious
haut	tall, high
important	important
jeune	young
maigre	thin
mince	thin/slim
mystérieux (-euse f)	mysterious
optimiste	optimistic
pauvre	poor
riche	rich
sérieux (-euse f)	serious
sévère	strict
silencieux (-euse f)	silent
sourd	deaf
timide	shy
tranquille	quiet
vieux (vieille f)	old

Area of Experience D

The world of work

Job applications

Work

l'ambition (f)	ambition
l'annonce (f)	advertisement (job)
le boulot	job/work
le bureau	office
la carrière	career
la compagnie	company
l'emploi (m)	job
l'employé (m)/l'employée (f)	employee
l'employeur (m)	employer
l'enveloppe (f)	envelope
l'étudiant (m)/l'étudiante (f)	student
le fait divers	news item
la ferme	farm
la formation	training
l'interview (m)	interview
la licence	degree (university)
le métier	job
le patron	boss
la petite annonce	small advert
le/la propriétaire	owner
la publicité	advertising
la réclame	advertisement (goods)
la réunion	meeting
le salaire	salary
le stage	course
le stagiaire	course member
le tourisme	tourism
le travail	work
l'université (f)	university
l'usine (f)	factory
la vie	life

Verbs relating to work

adorer	to love
s'adresser à	to apply to
aller	to go
s'approcher	to approach
attacher	to attach
appeler	to call
augmenter	to increase
avoir	to have
baisser	to lower
bâtir	to build
bien payé	well paid
coller	to stick
conduire	to drive
continuer	to continue
couvrir	to cover
croire	to believe
découper	to cut out
déménager	to move house
demeurer	to stay/to remain
dépanner	to repair (a car)
descendre	to go down
diminuer	to reduce
distribuer	to distribute
échouer	to fail (an exam)
employer	to employ, to use
enlever	to remove
enregistrer	to record, to register, to check-in
enseigner	to teach
entendre	to hear
être	to be
expérimenté	experienced
faire	to do
faire un stage	to go on a course
s'habituer à	to get used to
imaginer	to imagine
inventer	to invent
laisser	to let/to leave
mal payé	badly paid

The world of work

mentir	to lie
monter	to go up
noter	to note
nourrir	to feed
obtenir	to obtain
s'occuper	to take care of
ouvrir	to open
paraître	to seem
passer	to spend (time)
se passer	to happen
penser	to think
porter	to carry
poser (une question)	to put, to ask (a question)
pouvoir	to be able
promettre	to promise
prononcer	to pronounce
quitter	to leave
raccommoder	to mend (clothes)
raconter	to tell (i.e. a story)
rappeler	to call back
refuser	to refuse
regarder	to watch
répondre	to answer
respecter	to respect, observe (i.e. laws)
rêver	to dream
se souvenir de	to remember
surprendre	to surprise
taper (à la machine)	to type
téléphoner	to phone
tirer	to pull
tomber	to fall
tomber malade	to fall ill
travailler	to work
vérifier	to check

Jobs

les affaires (f)	business
l'agent de police (m)	policeman
l'agriculteur (m)	farmer

GCSE French Vocabulary Book

l'avocat (m)	lawyer
le caissier (caissière f)	cashier
le chauffeur	driver
le chauffeur de taxi	taxi driver
le chef	boss
le chirurgien	surgeon
le coiffeur (coiffeuse f)	hairdresser
le commerçant	trader/shop-keeper
le comptable	accountant
le/la concierge	caretaker
le contrôleur	ticket inspector
la dactylo	typist
le/la dentiste	dentist
le docteur	doctor
le/la domestique	servant
le douanier	customs officer
l'écrivain (m)	writer
le fermier (fermière f)	farmer
le gendarme	policeman
l'homme d'affaires (m)	businessman
l'hôtesse de l'air (f)	air hostess
l'infirmier (infirmière f)	nurse
l'informaticien (informaticienne f)	computer operator
l'ingénieur (m)	engineer
l'instituteur (institutrice f)	teacher (primary school)
le/la journaliste	journalist
le maire	mayor
le marchand	shopkeeper
le marin	sailor
le mécanicien (mécanicienne f)	mechanic
le médecin	doctor
la ménagère	housewife
l'opticien (m)	optician
l'ouvrier (m)/l'ouvrière (f)	worker
le paysan/la paysanne	peasant
le pilote	pilot, racing driver
le plombier	plumber
le pompier	fireman
le/la pompiste	pump attendant
le routier	lorry driver

le/la secrétaire	secretary
le soldat	soldier
le technicien/la technicienne	technician
le vendeur (vendeuse f)	salesperson

Communication

On the telephone

l'annuaire (m)	telephone book
la cabine téléphonique	telephone booth
le coup de fil	phone call
le coup de téléphone	phone call
l'indicatif (m)	code
le répondeur automatique	answering machine
le répondeur téléphonique	answering machine
la télécarte	phonecard
le téléphone	telephone

Telephone verbs

appeler	to call
attendre la tonalité	to wait for the tone
composer le numéro	to dial the number
décrocher le combiné	to pick up the phone
écouter	to listen
entendre	to hear
rappeler	to call back
répondre	to answer
sonner	to ring
telephoner	to phone
se tromper	to make a mistake

Telephone expressions

allô	hello (on the telephone)
à l'appareil ! (m)	speaking! (on the telephone)
c'est de la part de qui?	who is calling?
ne quittez pas	hold the line

IT (Information technology)

appuyer	to push (a key)
charger un programme	to load a programme
le curseur	cursor
le disque vidéo	video disc
la disquette	floppy disc
le micro-ordinateur	microcomputer

MEG MEG NEAB ULEAC SEG WJEC NICCEA

Useful IT vocabulary

de secours, backup (m)	back-up
BASIC (m)	BASIC programming language
gras	bold (print style)
autostart (m)	boot
survol (m)	browsing
erreur (f)/bug (m)	bug
CD-ROM (m)/Disque Optique Compact (DOC) (m)	CD-ROM
Enseignement assisté par ordinateur (EAO)	Computer-Assisted Learning (CAL)
informaticien (-ienne f)	computer professional
clavier tactile (m)	Concept Keyboard
curseur (m)	cursor
couper-coller	cut and paste
donnée (f)	datum
base de données (f)	database
gestionnaire de bases de données (m)	database management system
supprimer/effacer	to delete
micro-édition (f)	Desktop Publishing (DTP)
catalogue (m)	directory
Système d'Exploitation de Disque (SED)	Disc Operating System (DOS)
lecteur de disquette (m)	disc drive
visualiser	to display
clicher	to dump (print out a screen)
modifier/éditer	to edit
édition (f)	editing
Language Symbolique d'Enseignement (m)	educational computer language (France only)
didacticiel (m)	educational software
messagerie (électronique) (f)	electronic mail

The world of work

télécopie (f)	facsimile (fax)
champ (m)	field (on database)
fichier (m)	file
disquette (f)	floppy disc
formater	to format (a blank disc or a display)
touche de fonction (f)	function key
tirage (m)/hard copy (m)	hard copy (a print-out)
disque dur	hard disc .
matériel (m)	hardware (the equipment)
marquage (m)	highlighting
informatique (f)	information technology
entrée (f)	input
interactif/conversationnel	interactive
touche (f)	key
clavier (m)/pupitre (m)	keyboard
mot réservé (m)/clé d'accès (f)	keyword
charger	to load a program
chargement (m)	loading
téléchargement (m)	loading of programmes via Minitel
menu (m)	menu
fusionner	to merge
microprocesseur (m)/puce (f)	microchip
micro-ordinateur (m)	microcomputer
modem (m)	modem
moniteur (m)	monitor
souris (f)	mouse
qualité courrier (f)	Near Letter Quality (NLQ)
réseau (m)	network
autonome/hors-ligne	off-line
bureautique (f)	office technology
en ligne	on-line
sortie (f)	output
progiciel (m)	package
mot de passe (m)	password
périphérique (m)	peripheral (e.g. printer)
camembert (m)	pie chart
imprimante (f)	printer
driver d'installations d'imprimante (m)	printer driver
impression (f)	printing
programme (m)	program

… GCSE French Vocabulary Book

invite (f)	prompt (input request)
mémoire vive (f) **(RAM/MEV)**	Ramdom Access Memory (RAM)
mémoire morte (f) **(ROM/MEM)**	Read Only Memory (ROM)
fiche (f)/enregistrement (m)/article (m)	record (in a database)
sauver/sauvegarder	to save
écran (m)	screen
affichage (m)	screen display
défilement (m)	scrolling
logiciel (m)/programme (m)	software
tableur (m)	spreadsheet
pile (f)	stack (Apple Hypercard)
chaîne de caractères (f)	string (unit of characters/numbers)
télématique (f)	telecommunications
Télétel (m)	Télétel information system
Minitel (m)	terminal to receive Télétel
utilitaire (m)	utility (program to support software)
vidéotex (m)/Télétel (m)/Antiope	viewdata
synthétiseur vocal (m)	voice synthesiser
traitement de texte (m)	word processing
traitement de texte (m)	word processor
WYSIWYG	WYSIWYG (what you see is what you get)

Area of Experience E

The international world

Tourism at home and abroad

Transport

French	English	MEG	MEG	NEAB	ULEAC	SEG	WJEC	NICCEA
l'aéroglisseur (m)	hovercraft							
l'aéroport (m)	airport							
l'arrêt (m)	stop							
l'arrêt d'autobus (m)	bus stop							
s'arrêter	to stop							
l'autobus (m)	bus							
l'autocar (m)	coach							
l'autoroute (f)	motorway							
l'avion (m)	plane							
la bicyclette	bicycle							
le billet	ticket							
le bus	bus							
le camion	lorry							
le car	coach							
la destination	destination							
la distance	distance							
en retard	late							
la gare routière	bus station							
l'hovercraft (m)	hovercraft							
le kilomètre	kilometre							
le métro	underground train							
la moto	motorbike							
la motocyclette	motorcycle							
le numéro	number							
à pied	on foot							
le poids lourd	lorry							
rapide	fast							
rien à déclarer	nothing to declare							
la sortie	exit							
la sortie de secours	emergency exit							
la station (de métro)	station (tube)							
le taxi	taxi							
le ticket	ticket							

French	English
le transport	transport
le tunnel	tunnel
le vélomoteur	motorcycle
le vol	flight
les WC	toilets

By car

l'auto (f)	car
la batterie	battery
la carte routière	road map
la ceinture de sécurité	seat belt
le coffre	boot (of car)
le conducteur	driver
la déviation	road diversion
en bon état	in good condition
en mauvais état	in bad condition
en panne	broken down
l'essence (f)	petrol
les essuie-glaces (m)	wind-screen wiper
le frein	brake
le/la garagiste	garage attendant
le gas-oil	diesel oil
les heures d'affluence (f pl)	rush hour
l'huile (f)	oil
le litre	litre
la marque	make (i.e. of car)
le moteur	engine
obligatoire	compulsory
d'occasion	second-hand
en panne	broken down
le pare-brise	windscreen
le passage protégé	right of way
le péage	toll
le périphérique	ring road
le permis de conduire	driving licence
plein	full
le pneu	tyre
la portière	door (of vehicle)
la pression	pressure (tyres)

la priorité à droite	give way to the right
réparer	to repair
la roue	wheel
la roue de secours	spare wheel
rouler	to travel/to drive
la route	road
la route nationale	main road
sans plomb	lead-free
se servir de	to use
la station-service	filling station
le stationnement	parking
le super	high-grade petrol
les travaux (m)	roadworks
le véhicule	vehicle
la vitesse	speed, gear
la voiture	car
le volant	steering wheel

By train

accès aux quais	to the trains
l'aller-retour (m)	return ticket
l'aller-simple (m)	single ticket
le billet simple	single ticket
le chemin de fer	railway
le compartiment	compartment
composter	to validate/to date-stamp a ticket
la consigne (automatique)	left luggage (locker)
la couchette	couchette
le départ	departure
direct	direct
en provenance de	coming from
express	express
fumeur/non-fumeur	smoking/no-smoking
la gare	station
la gare maritime	quay-side station
le non-fumeur	no-smoking compartment
occupé	taken
en provenance de	coming from
le quai	platform

la salle d'attente	waiting-room
SNCF (la Société Nationale des Chemins de Fer Français)	French Railways
le supplément	supplement
TGV (train à grande vitesse) (m)	high speed trains
le train	train
valable	valid
la voie	track
le wagon-lit	sleeping-car
le wagon-restaurant	dining-car

Countries

l'Allemagne (f)	Germany
l'Angleterre (f)	England
l'Autriche (f)	Austria
la Belgique	Belgium
le Canada	Canada
le Danemark	Denmark
l'Ecosse (f)	Scotland
l'Espagne (f)	Spain
les Etats-Unis (m)	U.S.A.
la Finlande	Finland
la France	France
la Grande-Bretagne	Great Britain
la Grèce	Greece
l'Hollande (f)	Holland
l'Irlande (f)	Ireland
l'Irlande du Nord (f)	Northern Ireland
l'Italie (f)	Italy
le Luxembourg	Luxembourg
le Maroc	Morocco
le Pays de Galles	Wales
les Pays-Bas (m)	Holland
le Portugal	Portugal
le Royaume-Uni	United Kingdom
la Suède	Sweden
la Suisse	Switzerland

The international world

Nationalities

allemand	German
américain	American
anglais	English
belge	Belgian
britannique	British
danois	Danish
écossais	Scottish
espagnol	Spanish
européen (-enne f)	European
finlandais	Finnish
français	French
gallois	Welsh
grec (grecque f)	Greek
hollandais	Dutch
irlandais	Irish
italien (-ienne f)	Italian
japonais	Japanese
juif (juive f)	Jewish
luxembourgeois	Luxembourg
portugais	Portugese
russe	Russian
suédois	Swedish
suisse	Swiss

Life in other countries and communities

Cities

Bordeaux	Bordeaux
Boulogne	Boulogne
Bruxelles	Brussels
Cherbourg	Cherbourg
Dieppe	Dieppe
Douvres	Dover
Edimbourg	Edinburgh
Le Havre	Le Havre
Londres	London
Lyon	Lyons

GCSE French Vocabulary Book

Marseille	Marseilles
Montréal	Montreal
Paris	Paris
Strasbourg	Strasbourg

Rivers

la Loire	River Loire
le Rhône	River Rhone
la Seine	River Seine
la Tamise	River Thames

Regions

la Bretagne	Britanny
la Corse	Corsica
la Garonne	Garonne
le Midi	the South of France
la Normandie	Normandy
le Québec	Quebec

Mountains

les Alpes (f)	the Alps
le Massif Central	Massif Central Mountains
les Pyrénées (f)	Pyrenees

Seas

l'Atlantique (f)	the Atlantic
la Manche	the Channel
la Méditérranée	Mediterranean
la Mer du Nord	North Sea

World events and issues

Problems

l'avantage (m)	advantage
l'avis (m)	opinion
le chômage	unemployment

The international world

	MEG	MEG	NEAB	ULEAC	SEG	WJEC	NICCEA
la différence — difference							
la dispute — dispute/quarrel							
le drapeau — flag							
le droit — right			●				
l'élection (f) — election	●						
l'enseignement (m) — education	●						
l'événement (m) — event	●						
la frontière — border							
la grève — strike							
la guerre — war							
la liberté — liberty/freedom							
la loi — law							
la manifestation — demonstration							
le motif — motive, reason							
le niveau — level							
le nombre — number							
l'opinion (f) — opinion							
le palais — palace							
le problème — problem		●					
la raison — reason							
la religion — religion							
le sondage — poll							
le symbole — symbol							
le thème — theme							
les transports en commun (m) — public transport					●		

People

l'adolescent(e) (m/f)	adolescent	
le chômeur	unemployed person	
EDF (Electricité de France)	French Electricity Board	
la foule	crowd	
GDF (Gaz de France)	French Gas Board	
le gouvernement	government	
l'individu (m)	individual	
la monarchie	monarchy	
les Nations Unies (f)	United Nations	
le premier ministre	prime minister	
le président	president	
la reine	queen	

Verbs

attaquer	to attack
discuter	to discuss
il s'agit de	it is a question of
mériter	to deserve
polluer	to pollute
souligner	to emphasise/to underline